BEI GRIN MACHT SICH I WISSEN BEZAHLT

- Wir veröffentlichen Ihre Hausarbeit, Bachelor- und Masterarbeit

- Ihr eigenes eBook und Buch - weltweit in allen wichtigen Shops

- Verdienen Sie an jedem Verkauf

Jetzt bei www.GRIN.com hochladen und kostenlos publizieren

Bibliografische Information der Deutschen Nationalbibliothek:

Die Deutsche Bibliothek verzeichnet diese Publikation in der Deutschen Nationalbibliografie; detaillierte bibliografische Daten sind im Internet über http://dnb.d-nb.de/ abrufbar.

Impressum:

Druck und Bindung: Books on Demand GmbH, Norderstedt Germany
ISBN: 978-3-668-21072-1

Dieses Buch bei GRIN:

http://www.grin.com/de/e-book/321679/was-ist-kunst-kunst-und-philosophie-der-kunst-bei-hegel-kant-heidegger

Christina Hirschochs

Was ist Kunst? Kunst und Philosophie der Kunst bei Hegel, Kant, Heidegger und Adorno

Zu Georg Wilhelm Friedrich Hegels "Vorlesungen über die Ästhetik"

GRIN Verlag

Universität Hildesheim

Institut für bildende Kunst und Kunstwissenschaft

Hauptseminar „Die Kunst und die Wissenschaft II“

„Kunst und Philosophie der Kunst“

am Beispiel von G. W. F. Hegel: Vorlesungen über die Ästhetik mit Exkursen zur Philosophie der Kunst bei Kant, Heidegger und Adorno

Christina R. Hirschochs-Villanueva

6. Semester, Magister Philosophie

1. Nebenfach Geschichte

2. Nebenfach Kunstwissenschaft

Im Januar 2006

Inhalt

Vorwort

Die Kunst ist seit Platon ein wichtiges Betätigungsfeld der Philosophie.

Aus einem großen Komplex und sehr vielen philosophischen Werken, die sich mit der Philosophie der Kunst beschäftigen, kann hier natürlich nur ein sehr kleiner Teil angesprochen werden.

Selbst aus Hegels Ästhetik kann nur wenig herausgegriffen werden, hier steht die „Kunst als Geistiges" als ein Gedanke Hegels im Mittelpunkt der Betrachtungen, die mit einzelnen Ideen zur Kunst der Philosophie bei Kant, Adorno und Heidegger in bezug gesetzt werden.

Als Vorgehensweise wurden von mir einige Fragestellungen ausgesucht, die in der Philosophie in bezug auf die Kunst behandelt wurden und werden:

1. Der Wert der Kunst
2. Der Zweck der Kunst
3. Ästhetische Selbstverständigung
    - 3.1 Kant (1724-1804): Kunst als Erkenntnis (1792), in: *Kritik der Urteilskraft-„Analytik des Schönen"*
    - 3.2 Hegel (1770-1831): Kunst als Geistiges (1818), in: *Vorlesungen über die Ästhetik*
    - 3.3 Heidegger (1889-1976): Kunst als Wahrheitsgeschehen (1935), in: *Der Ursprung des Kunstwerkes*
    - 3.4 Adorno (1903-1969): Selbstverständigung als Infragestellung (1971), in: *Ästhetische Theorie*
4. Die Aktualität der Hegelschen Ästhetik

Unter dem Punkt der Fragestellung nach der ästhetischen Selbstverständigung beginne ich mit Kant, weil Hegel sich vielfach auf ihn bezieht. Danach kommen Heidegger und Adorno zu Wort. Die chronologische Abfolge wurde in bezug auf die Erscheinungsjahre der jeweiligen philosophischen Abhandlungen gewählt.

Zu den Vorlesungen über die Ästhetik von Hegel muss man anmerken, dass sie nicht von Hegel selbst als Werk geschrieben wurden, insofern sie im wesentlichen nur bekannt sind in einer Form, die Hegel nicht selbst erarbeitet hat. Nach Hegels plötzlichem Tod 1831 wurden die Vorlesungsmitschriften seiner Studenten aufgearbeitet und publiziert.

Grundsätzlich stellt sich die Frage, ob man mit einer philosophischen Bestimmung, hier insbesondere Hegels, die Probleme lösen kann, die sich entweder prinzipiell, d.h. immer schon und immer wieder, oder gerade gegenwärtig aus einer reflektierten Betrachtung der Kunst ergeben.

Gethmann-Siefert geht in ihrer „*Einführung in Hegels Ästhetik*"[1] davon aus, dass die Kunst ein wichtiges und unverzichtbares Element der menschlichen Kultur ist.
Die *philosophische* Ästhetik fasst die Rolle der Kunst für die menschliche Kultur genauer, indem eine begriffliche Bestimmung die Bedeutung der Kunst für uns alle plausibel darstellt, wodurch die notwendige und durch andere Elemente der Kultur nicht ersetzbare Funktion der Kunst begründet ist.

Aufgabe einer philosophischen Bestimmung der Kunst muss nach Gethmann-Siefert

1. die begriffliche Explikation sein,
2. eine methodische Stringenz und
3. zu einem Gesamtkonzept der Kunst führen.

Die Frage nach der Aktualität der Hegelschen Ästhetik würde demnach durch den Nachweis dieser drei Gesichtspunkte beantwortet, was unter dem Punkt der Aktualität Hegels Ästhetik aufgegriffen wird.

---

[1] Annemarie Gethmann-Siefert, *Einführung in Hegels Ästhetik*, Fink-Verlag, München 2005

Einleitung

Die Philosophie der Kunst beschäftigt sich mit vielen Fragen und das schon seit der Antike. Platon z.B. vertrat die Ansicht, und da war er mit Aristoteles einer Meinung, die Kunst wird bestimmt durch die *mimesis*. Als Nachahmung der Natur. Dass diese Bestimmung auch in der antiken Kunstpraxis verwurzelt war, zeigen Anekdoten wie die vom berühmten Malerstreit: „Zeuxis hatte, so die Erzählung, Trauben in einer solchen Perfektion gemalt, dass die Vögel kamen, um sie wegzupicken. Dieser Erfolg stachelte seinen Widersacher Parrhasios an. Er malte einen Vorhang so, als würde dieser ein Bild bedecken. In diesem Fall ließen sich nicht Vögel, sondern sogar der Kollege Zeuxis täuschen. Zeuxis versuchte, den Vorhang wegzuziehen, und so war der Erfolg auf Parrhasios' Seite".[2]
Kunst wurde hier also als Nachahmung der Natur praktiziert.

Der Begriff der *Darstellung* der Natur wird wesentlich später erst durch den Begriff des *Ausdrucks* erweitert. Es bedurfte dazu der Entwicklung eines neuzeitlichen Begriffs von Subjektivität. Soweit wir wissen, wurden erstmals in der Renaissance Künstler als Künstler verehrt, zum Beispiel Michelangelo.
Zu Zeiten Goethes oder Wagners war der Künstler endgültig ein fester Bestandteil des Kunstgeschehens. Unter dieser Bedingung konnte der Gedanke entstehen, dass das Kunstwerk ein *Ausdruck* ist. Der Künstler hat eine besondere Erfahrung gemacht, die er im Kunstwerk kommuniziert.
Das Kunstwerk vermittelt die Erfahrung als Ausdruck an den Rezipienten.

Nun kann man sich grundsätzlich fragen, ob die Philosophie in Sachen Kunst ein guter Ratgeber sein kann.

Philosophie ist ja eine recht abstrakte Angelegenheit, dagegen sind Kunstwerke sinnlich und konkret. Sie bestehen beispielsweise aus Farbe oder aus Klängen. Trotz vieler Vorbehalte, die von Seiten der Kunst der Philosophie gegenüber entgegengebracht werden gibt es einen Zusammenhang von Kunst und Philosophie.
Laut Hegel ist die *ästhetische Selbstverständigung* an konkrete Verständnisse von der Welt gebunden und es bedarf vom Menschen gemachter Werke, also nicht der Natur, um zu einer solchen Selbstverständigung zu kommen.

Wenn Kunst Selbstverständigung ist, dann gehört zu ihr zumindest implizit immer auch das *Nachdenken* darüber, ob und wie sie als Selbstverständigung funktioniert. Die Philosophie der Kunst setzt genau bei dem Nachdenken ein, mit dem Kunst zwangsläufig verbunden ist.

---

[2] Vgl. dazu C.Plinius Secundus d.Ä., Naturkunde. Buch XXXV: Farben, Malerei, Plastik, Zürich 1978, S.55

Die Philosophie der Kunst hat so die Aufgabe, die mit der Kunst verbundene mangelnde Selbstverständigung explizit zu machen. Sie erweist sich damit möglicherweise als ein hilfreicher Partner in der Begegnung mit Kunst.
Zwei gegensätzliche Meinungen zur Philosophie der Kunst vertreten der amerikanische Philosoph Arthur Danto (geb.1924) mit seiner polemischen Aussage: "*Die Philosophie der Kunst ist als eine „philosophische Entmündigung der Kunst"* zu verstehen,[3] und Georg Bertram vom Philosophischen Institut dieser Universität in seinem Buch „Kunst – eine philosophische Einführung" mit der These „Die Kunst wird überhaupt erst im Nachdenken über sich mündig."[4]

In der Geschichte der Kunstphilosophie hat unter anderem Hegel betont, dass Kunst eine geistige Angelegenheit ist. Kunstwerke sind nicht nur Gegenstände der *Wahrnehmung* und der sinnlichen Auseinandersetzung, sondern auch in erster Linie des *Verstehens.*

Mitte des 18.Jahrhunderts kam es dazu, dass die Philosophie der Kunst als eine gesonderte Disziplin der Philosophie begründet wurde.[5]
Insbesondere seitdem ist die Kunst in der Philosophie immer wieder Gegenstand intensiver Debatten gewesen. Die Philosophie hat durch vielfältige Überlegungen Hilfsmittel und Einsichten die geistige Auseinandersetzung mit der Kunst entwickelt.
Kunst muss also in irgendeiner Weise *verstanden* werden.
Bertram schreibt „In bezug auf die Literatur ist dies nicht überraschend, aber bei z.B. einem schwarzen Quadrat von Kasimir Malewitsch kann es hingegen so scheinen, als gelte es allein, die Dichte der Farbe auf sich wirken zu lassen.[6]

Aber auch bei Erfahrungen, die man in dieser Weise als sinnlich intensiv beschreiben kann, handelt es sich um Prozesse des *Verstehens*, die mit einer gewissen geistigen Arbeit verbunden sind.
„*Verstehen* heißt u.a.: Unterscheidungen treffen, Strukturen erfassen. Solches Verstehen findet auch dann statt, wenn wir nicht zu sagen wissen, dass und was wir verstanden haben. Auch wenn ich nur Schwärze auf mich wirken lasse, impliziere ich die Tiefe der Schwärze im Gegensatz beispielsweise zur Seichtheit eines hellen Grau. Ich muss nicht sagen können, dass es die Tiefe der Schwärze ist, die die Intensität meines sinnlichen Erfahrens ausmacht. Ich muss aber meine Erfahrung als eine erleben, die genau diesen Inhalt, nämlich die Erfahrung einer sinnlichen

---

[3] Vgl. Arthur C. Danto, Die philosophische Entmündigung der Kunst, München 1993

[4] Vgl. Georg W. Bertram, Kunst, Eine philosophische Einführung, Philipp Reclam jun. Stuttgart, 2005

[5] Die Ae*sthetica* von Alexander Gottlieb Baumgarten gelten gängigerweise als Begründungstext der Philosophie der Kunst.

[6] siehe 4.

Intensität schwarzer Farbe hat. In der Erfahrung steckt gewissermaßen eine Beherrschung des Unterschieds von Schwarz und Grau.“ [7]

Da Hegel seine Philosophie der Kunst mit *Ästhetik*“ bezeichnet will ich kurz noch auf diesen Ausdruck eingehen.

Ästhetik ist die philosophische Disziplin, in welcher Fragen der Kunst zu Hause sind. Der Begriff Ästhetik stammt von dem griechischen Ausdruck *aisthesis,* von dem der lateinische Ausdruck *aesthetica* abgeleitet wurde. *aisthesis* heißt soviel wie *Wahrnehmung.*
So ist *Ästhetik* immer wieder als eine Theorie der sinnlichen Wahrnehmung, oder einer speziellen Form sinnlicher Wahrnehmung, des Schönen beschrieben worden. Hegel wollte *Ästhetik* als *„Philosophie der schönen Kunst“* verstanden wissen.[8]

Man sprach zu Zeiten Hegels von „schöner“ Kunst, um nicht sonstige Künste wie z.B. die handwerklichen Dinge mit zu umfassen. Heute lassen wir das Attribut „schön“ weg, da wir als Kunst allein die Gesamtheit der Dinge verstehen, mit denen wir in der Auseinandersetzung mit ihnen ästhetische Erfahrungen machen.

1. Der Wert der Kunst

Den Wert der Kunst expliziert *Hegel* folgendermaßen: „Es muss sich um eine konkrete Idee, um ein konkretes Geistiges handeln – um etwas, das in einem konkreten historisch-kulturellen Kontext steht“. Kunst hat für Hegel den Wert, dass sie uns bestimmte Verständnisse in Form der sinnlichen Anschauung vermittelt.

In der Kunst geht es für Hegel genauso um ein Verstehen wie z.B. in der Religion und der Wissenschaft, also auch der Philosophie. Die Kunst unterscheidet sich aber von diesen anderen Formen des Verstehens dadurch, dass sie Verständnisse in sinnlicher Anschauung darbietet.

Die Kunst ist nach Hegels Auffassung genau in diesem Sinn von dem Zusammenspiel unserer Erkenntniskräfte her zu begreifen. Sie führt nicht zu einem freien Spiel der Erkenntniskräfte und damit zu Erkenntnis überhaupt, wie Kant[9] dies beschreibt. Sie zeigt vielmehr Verständnisse beziehungsweise Erkenntnisse in ihrem Entstehen in einer sinnlichen Gestalt.
Nach Hegel ist die wahre Meisterschaft der Kunst, Verständnisse zu präsentieren, die sich nicht anders als in sinnlicher Anschauung gewinnen lassen.

---

[7] Siehe 4.

[8] Georg Wilhelm Friedrich Hegel, Vorlesungen über die Ästhetik I, Frankfurt a.M. 1977, S.13.

[9] Immanuel Kant, *Kritik der Urteilskraft,* Frankfurt a.M. 1977

Der Wert der Kunst schließt ästhetische Formen der Natur nach Hegel nicht ein, im Gegensatz zu Kant. Sie bekommt so einen ausschließlichen Wert zugesprochen, nur durch Zeichen, deren Inhalte für Hegel mit ihrer konkreten sinnlich-materialen Realisierung zusammenhängen.[10]

Man könnte hiernach postulieren, dass es Kunst nur als etwas gibt, das einen bestimmten Wert für uns hat. Dieser Wert lässt sich mit dem Begriff der *Selbstverständigung* umreißen.

2. Der Zweck der Kunst

Wenn man die Frage, welchen Wert die Kunst für uns hat, beantworten will, muss man nach etwas fragen, das einen Zweck an sich darstellt.

Um das Interesse, also den Zweck, zu ergründen, das bzw. den der Mensch bei der Produktion eines Inhalts in Form eines Kunstwerkes hat, führt **Hegel** mehrere Gesichtspunkte an, die, wie er sagt, uns zu dem wahren Begriff der Kunst selbst hinüberführen wird.

Die geläufigste Vorstellung vom gewöhnlichen Bewusstsein sei

a) das Prinzip von der *„Nachahmung der Natur"*.
Hierbei macht die Nachahmung als die Geschicklichkeit, Naturgestalten, wie sie vorhanden sind, auf eine ganz entsprechende Weise nachzubilden, den wesentlichen Zweck der Kunst aus. Nach Hegel kann dies allerdings als eine überflüssige Bemühung angesehen werden, da alles Wiederholen hinter der Natur zurückbleibt.
Auch bei dem Beispiel der gemalten Weintrauben des Zeuxis, die seit alters her als Triumph des Prinzips von der Nachahmung ausgegeben wurden, bleibt als Zweck nichts als das Vergnügen an dem Kunststück übrig, etwas der Natur Ähnliches hervorzubringen.
Wir erkennen, so Hegel, darin dann nichts als ein *Kunststück*, weder die freie Produktion der Natur noch ein Kunstwerk.
Man kann hier das Bild *„Die Hülsenbeckschen Kinder" von Philipp Otto Runge 1805/06* anführen. Runge hat bekanntermaßen in erster Linie abgebildet, nichts verändert oder verschönert. Das würde dann nach Hegel heißen: Runge hat „keinen Inhalt transportiert", er hat ein perfektes „Kunststück" geschaffen.

b) Weiter führt Hegel aus: In dem Prinzip von der Nachahmung verschwindet das *objektive Schöne* selbst, weil es in der Nachahmung nicht darum geht, wie etwas beschaffen ist, sondern nur, dass es richtig nachgeahmt werde.
Der Zweck der Kunst muss deshalb noch in etwas anderem als in der bloß formellen Nachahmung des Vorhandenen liegen. Deshalb fragt er weiter, was denn nun der *Inhalt* für die

---

[10] Georg Wilhelm Friedrich Hegel, Vorlesungen über die Ästhetik I, Frankfurt a.M. 1977

Kunst und weshalb der Inhalt darzustellen sei. Hierbei bemerkt er, dass es die Aufgabe und der *Zweck* der Kunst sei, alles, was im Menschengeist Platz habe, an unseren Sinn, unsere Empfindung und Begeisterung zu bringen.

Hegel sagt: „Jenen bekannten Satz »*Nihil humani a me alienum puto*«[11] soll die Kunst in uns verwirklichen." Der ganze Satz heißt bei Cicero und auch bei Seneca: „*homo sum, humani nihil a me alienum puto*"[12]: „*Ich bin ein Mensch und meine, dass nichts mir fremd ist, was Menschen betrifft*". – Also: die Kunst soll all das in uns verwirklichen, was den Menschen betrifft.

„Ihr Zweck ist deshalb, die schlummernden Gefühle, Neigungen und Leidenschaften aller Art zu wecken, zu beleben und das Herz zu erfüllen(...)"[13]

Hegel sucht nach einem höheren, in sich allgemeineren *Zweck*. Und er kommt zu dem Ergebnis, dass die Kunst berufen sei, die *Wahrheit* in Form der sinnlichen Kunstgestaltung darzustellen und somit *ihren Endzweck in sich*, in dieser Darstellung und Enthüllung *selbst* habe.

Die ästhetische Erfahrung der Kunst, so könnte man also sagen, ist nach Hegel *selbstzweckhaft*. Wer ästhetische Erfahrungen macht, will damit nichts sonst in der Welt erreichen.

Hegel bezieht sich des Öfteren auf Kant, den er teilweise kritisiert oder auch widerlegt:

Immanuel Kant hat von der sog. „*Interesselosigkeit*" gesprochen, mit der die ästhetische Erfahrung verbunden ist.[14]

Es geht, nach Kant, in der Kunst also nicht darum, etwas zu realisieren, zum Beispiel ein bestimmtes Problem zu lösen, etwas zu erlangen oder in irgendeiner Form ein angenehmes Erlebnis zu haben. „*Interesselosigkeit*" bedeutet, dass die ästhetische Erfahrung kein Ziel hat, das über sie hinausgeht.

Die Frage, welchen Wert die Kunst für uns hat, muss also als Frage nach etwas verstanden werden, das einen *Zweck* an sich darstellt. Die mangelnde Selbstverständlichkeit der Kunst ist so mit ihrer Selbstzweckhaftigkeit verbunden.

Kant fasst das ästhetische Urteil so auf, dass es „weder hervorgehe aus dem Verstande als solchem, als dem Vermögen der Begriffe, noch aus der sinnlichen Anschauung, sondern aus dem *freien Spiel des Verstandes* und der *Einbildungskraft*."

Die *Interesselosigkeit* bezieht sich laut Kant auf unser Begehrungsvermögen, d.h. das ästhetische Urteil ist frei von irgendwelcher Begierde des Besitzes oder Gebrauchs, sondern *das Schöne* soll um seiner selbst willen als Objekt eines allgemeinen Wohlgefallens gesehen werden.

---

[11] siehe 10, S.70

[12] Cicero, de officiis I, 9; de legibus I, 12, 33, Seneca, Epistulae morales 95, 53

[13] siehe 10

[14] Immanuel Kant, *Kritik der Urteilskraft,* Frankfurt a.M. 1977, B 5ff.

Das Schöne erklärt Kant als nicht Gegenstand eines Interesses in dem Sinn, dass man mit ihm etwas anfangen kann oder will. Anders gesagt: *Das Schöne* nützt zu nichts. Also: es hat keinen Nutzen, keinen Zweck![15]
Das Schöne: definiert Kant: als alle Gegenstände, die ein „reines Wohlgefallen" hervorrufen, im Vergleich zu „*Das Angenehme*": wie ein praktischer Stuhl, ein wohlschmeckendes Essen, oder: „*Das Gute*": ist z.B. eine gute Tat, ein guter Mensch.

Die Kunst, als was Kant *das Schöne* bestimmt, ist unbrauchbar. Die Auseinandersetzung mit Kunstwerken hat den Charakter eines *Selbstzweckes*.
Kant spricht aus diesem Grund davon, dass Kunstwerke eine „*Zweckmäßigkeit ohne Zweck*" haben.

3. Ästhetische Selbstverständigung

Die Kunst hat irgendwann einmal begonnen, sich mit sich selbst zu beschäftigen. Die Kunst der Moderne wirft von sich aus die Frage auf, was sie ist.
Denkt man an die Provokation des Kunstverständnisses, die z.B. durch Marcel Duchamps „Ready-mades", Andy Warhols Kunstwerke oder viele andere ausgeübt wurden, schien die Provokation vor allem darin zu liegen, dass es der Kunst offenbar nur noch um sich selbst ging. Diese Kunstwerke stellten Fragen und der Betrachter musste darüber nachdenken, inwiefern sie als Kunst zu verstehen sind.

Man kann sagen, der Kunst fehlt ihre Selbstverständlichkeit, da sie sich in bestimmten Kunstwerken immer wieder selbst in Frage stellt; so muss man sie als eine Form *menschlicher Selbstverständigung* verstehen.
Ohne den Begriff selbst zu benutzen, beinhaltet Hegels Grundidee die Selbstverständigung.

Diesen *Selbstverständigungscharakter* der Kunst zu bestimmen, haben auf die eine oder andere Weise, viele philosophische Beiträge versucht.
Ich versuche dieser *Selbstverständigung der Kunst* auf die Spur zu kommen mit kurzen Einblicken in die Hegelsche Ästhetik und Überlegungen dazu bei Kant, Heidegger und Adorno.

3.1 Kant: Kunst als Erkenntnis

Kant vertrat die Position, in Kunst gehe es um „*Erkenntnis überhaupt*"[16]
Die Kunst vermittelt uns Erfahrungen darüber, dass es uns möglich ist, in der Welt zu erkennen und zu verstehen.
Kant hält es für ein wichtiges Merkmal der Verfasstheit unserer Erkenntnis, dass es dort, wo wir etwas erkennen, zu einem sogenannten *Zusammenspiel von Erkenntniskräften* kommt. Das

[15] siehe 14, § 10

[16] siehe 10, Analytik des Schönen, B 28

Zusammenspiel findet statt, wo wir etwas verstehen, wo sich uns die Welt optisch, haptisch oder in Worten zeigt.

Die menschlichen Erkenntnisse sind geprägt von dem *Zusammenspiel des Sinnlichen* als Besonderheit und *des Geistigen* als Allgemeinheit.

In der Kunst erfahren wir, laut Kant, das Zusammenspiel des Besonderen mit dem Allgemeinen und den Übergang von einem zum anderen und wieder zurück. Er spricht aus diesem Grund von einem „freien Spiel" der Erkenntniskräfte in der Kunst.[17]

Die Kunst stellt uns Formen bereit, an denen wir uns spielerisch unserer Erkenntnisfähigkeit versichern können. Sie hat damit den Wert einer *Selbstverständigung* für uns.

Interessant ist, dass Kant die ästhetische Selbstverständigung, die er der Kunst zuschreibt, nicht auf die Kunst beschränkt, sondern auch andere Formen können das freie Spiel der Erkenntniskräfte bewirken.

Kant bezieht dies zumeist auf *das Schöne* insgesamt und für ihn gehört die Kunst genauso dazu wie das sogenannte *Naturschöne (die schönen Formen der Natur).*

Dass Kant den Wert der Kunst nicht als einen besonderen Wert versteht, hat seiner Position immer wieder viel Kritik eingebracht.

3.2 Hegel: Kunst als Geistiges

In der Bestimmung der *Kunst als Selbstverständigung* bezieht Hegel die Position, dass sich Erfahrungen mit bestimmten Inhalten denken lassen, die uns dennoch die Formen des Erfahrens überhaupt erfahren lassen. Genau dies vermag Kunst. Alles Erkennen oder Verstehen ist ein Erkennen oder Verstehen *von etwas.* Hier distanziert sich Hegel von Kant deutlich, welcher Kunst als Erkenntnis überhaupt bestimmt.

Hegel bestimmt Kunst als eine konkrete Idee, als ein konkretes *Geistiges,* als etwas, das in einem *konkreten historisch-kulturellen Kontext* steht.

Hier unterscheidet sich Hegels Begriff der Kunst grundlegend von demjenigen Kants. Für Kant ist die Selbstverständigung der Kunst eine bloß *formale* Angelegenheit. Für Hegel ist dies nicht zwingend, für ihn kann die ästhetische Selbstverständigung der Kunst nur in einer Verschränkung von *Inhalt und Form* gelingen.

Adorno spricht im Falle Kants von einer „*Formalästhetik*" und im Fall von Hegel von einer „Inhaltsästhetik".[18]

---

[17] siehe 10

[18] Theodor Adorno, *Ästhetische Theorie,* Frankfurt a.M. 1973, S.18

Hegel stimmt insofern mit Kant überein, dass für unsere Erkenntnis die Übergänge vom sinnlich Mannigfaltigen zum geistig Bestimmten relevant sind, aber für Hegel liegen beide *im Geistigen selbst.* Geistige Bestimmtheit kann sich nur über sinnliche Einzelheit formen.

Hegels Theorie ist, dass Kunst in einem konkreten historisch-kulturellen Kontext steht; und dass sich in der Kunst als Selbstverständigung Erfahrungen mit bestimmten *Inhalten* denken lassen, die uns die Formen des Erfahrens überhaupt erfahren lassen. Dies lässt sich z.B. an Picassos „Guernica"(1937, Prado Madrid) veranschaulichen: Man denke an die Anekdote, als Picasso von deutschen Offizieren gefragt wurde, ob er dieses Bild gemacht habe und Picasso soll geantwortet haben: „Nein Sie".
Was Picassos Bild zeigt, ist nur indirekt mit dem Geschehen des Krieges in dem kleinen Ort Guernica verbunden. Das Bild handelt davon, so könnte man sagen, dass die menschliche Zivilisation sich gegen sich selbst wenden kann. Obwohl das Bild eine abstrakte Anordnung von Figuren zeigt, hängt es durchaus mit dem zusammen, was 1937 in dem spanischen Ort Guernica geschehen ist, und muss, nach Hegel, als Aspekt eines komplexen historischen Geschehens verstanden werden. Dies zeigt auch die Antwort an die Offiziere: Das Bild ist kein Künstlerwerk im engeren Sinn – es ist ein Werk einer bestimmten historisch-kulturellen Situation.

Kunstwerke sind für Hegel ästhetische *Zeichen*, deren Inhalte mit ihrer konkreten sinnlich-materialen Realisierung zusammenhängen. Der Bild-Inhalt hängt mit der sinnlichen Beschaffenheit, zum Beispiel das Korrespondieren der Farben zusammen.

Das Verstehen in der Kunst ist nach Hegels Auffassung mit der materialen Besonderheit der Zeichen verbunden in Verbindung mit den Inhalten, die Kunstwerke darstellen.
Erst ein wirklich reales Erkennen mit bestimmten Inhalten kann als ein Erkennen bezeichnet werden; hier distanziert sich Hegel wieder deutlich von Kant, der von den Formen des Erkennens ausging.

Als Veranschaulichung dieses Gedankens stelle man sich vor, dass Kant sich nur in einem fertigen Haus (das Formale) bewegt er schließt aus, dass es auch möglich ist, sich in einem Bauplan (das Geistige) zu bewegen, da ja der Bauplan all das vorgibt, was das Haus realisiert.

3.3 Heidegger: Kunst als Wahrheitsgeschehen

Heidegger beschreibt den Wert der Kunst als *„das Sich-ins-Werk-Setzen der Wahrheit"*[19] Es besagt, dass, wie bei Hegel, Kunst nur eine Form des Verstehens unter anderen Formen des Verstehens darstellt. Für Heidegger gibt es mehrere Arten, wie die Wahrheit geschieht. Kunst ist eine davon.

---

[19] Martin Heidegger, Der Ursprung des Kunstwerkes, in: M:H., Holzwege, 7.Aufl. Frankfurt a.M. 1994

Heidegger versteht die *Wahrheit* als den Urstreit von Lichtung und Verbergung, indem die Erde die Welt nur durchragt und die Welt sich nur auf die Erde gründet. Heidegger beantwortet die Frage, wie Wahrheit geschieht: Wahrheit geschieht auf verschiedene Weisen, eine davon ist das *„Werksein des Werkes"*.

In seinem Werk *„Der Ursprung des Kunstwerkes"* findet sich die berühmte und umstrittene Analyse des Gemäldes von van Gogh „Die Bauernschuhe" („Vieux souliers aux lacets") von 1886:

„In diesem Gemälde *geschieht Wahrheit*, das meint nicht, hier werde etwas Vorhandenes richtig abgemalt, sondern im Offenbarwerden des Zeugseins des Schuhzeuges gelangt das Seiende im Ganzen, Welt und Erde in ihrem Widerspiel, in die Unverborgenheit.

Heidegger spricht von *Wahrheit* als *Unverborgenheit. Zeug* definiert Heidegger als „Dinge in Zusammenhängen", also „Dinge stehen in bestimmten Beziehungen zueinander". Zeug ist ein *Ding*, das zu etwas nützlich oder dienlich ist. *Ding* ist eine Substanz mit Eigenschaften und Dienlichkeit ist der Grundzug des Seienden, z.B. die Schuhe.

Das Kunstwerk zeigt ein Zeug in seinen Zusammenhängen, ohne dass diese Zusammenhänge als solche gezeigt werden. Es zeigt den Hintergrund der Zusammenhänge.

Am Beispiel der „Bauernschuhe": „[...]sieht man die Mühsal der Arbeit an dem ausgetretenen Inwendigen des Schuhzeugs, die derbe Schwere der Schuhe zeigt die Zähigkeit des langsamen Ganges durch die langen Furchen des Ackers. Auf dem Leder liegt das Feuchte und Satte des Bodens, unter den Sohlen schiebt sich die Einsamkeit des Feldweges durch den sinkenden Abend[...]"

Van Goghs Gemälde ist die Eröffnung dessen, was das Zeug, das Paar Bauernschuhe, in *Wahrheit* ist, nämlich Mühsal und Arbeit eines Menschen.

Heidegger zufolge ist die Kunst einer der paradigmatischen Orte, an denen *Wahrheit* geschieht. Kunst stellt die Wahrheit nicht her, Kunstwerke sind vielmehr als solche Geschehnisse der *Wahrheit*.

Das Kunstwerk zeigt, dass die Welt uns in Zusammenhängen begegnet, die uns verständlich sind. Eigentlich ungewöhnlich in der Philosophie ist, mit Blick auf die Kunst von Wahrheit zu sprechen.

Heideggers These ist, dass Kunst uns Dinge zu verstehen gibt, die wir nicht schon auf andere Weise wissen oder wissen können. Sie zeigt uns, beispielsweise Aspekte unseres Standes in der Welt, die wir normalerweise nicht wahrnehmen können. Die Kunst belehrt uns somit über uns und die Welt.

In diesem Sinne müssen wir nach Heidegger die Kunst als ein *Wahrheitsgeschehen* verstehen.

In der *Auseinandersetzung mit Kunst* gewinnen wir, laut Heidegger, ein Verständnis dafür, dass wir uns überhaupt in der Welt auskennen können. Anhand ihrer verstehen wir, dass die Welt uns dadurch verlässlich ist, dass sie für uns Gestalt und Struktur gewinnt.

Heidegger beschreibt das spezifische Verstehen in der Kunst als eine Erweiterung unserer Verständnisse.

Das Verstehen in der Kunst muss als eine Auseinandersetzung mit sonstigem Verstehen in der Welt begriffen werden. Kunstwerke handeln von etwas, das uns angeht. Kunstwerke führen dadurch zu Verständnissen, dass sie sich mit sonstigem Verstehen auseinandersetzen.

Die Besonderheit der Kunst liegt in den ästhetischen Erfahrungen, die wir nur in der Auseinandersetzung mit Kunstwerken machen. Kunst ist ein besonderer Ort der Welterschließung. Keine Erfahrung der Natur (und damit vertritt Heidegger auch Hegels These) kann in der Weise eine Erweiterung unserer Verständnisse bedeuten, wie sie die Kunst bedeutet.

3.4 Adorno: Selbstverständigung als Infragestellung – Übergang von Kunst in Erkenntnis

Es geht, laut Adorno, sowohl in der kritischen Philosophie als auch in authentischer Kunst darum, das *„Sein der Sachen selbst“* gewaltlos zu übersetzen in Medien, in denen wir es *erkennen und erfahren* können. Mit Hegel geht Adorno davon aus, dass Kunst selbst in *Erkenntnis* übergeht.[20]

„Jedes Kunstwerk bedarf, um ganz erfahren werden zu können, des Gedankens und damit der Philosophie, die nichts anderes ist als der Gedanke, der sich nicht abbremsen lässt [...]. Kunst ist, emphatisch, Erkenntnis, aber nicht die von Objekten. Ein Kunstwerk begreift einzig, wer es als Komplexion von Wahrheit begreift. Die betrifft unausweichlich sein Verhältnis zur Unwahrheit, zur eigenen und zu der außer ihm; jedes andere Urteil über Kunstwerke bliebe zufällig.“[21]

Die Erkenntnisfunktion, die Adorno authentischer Kunst zuschreibt, gründet sich auf deren Vermögen, vom System der verwalteten Welt noch unreglementierte Erfahrungen zu machen und zur Sprache zu bringen.

Kunst lässt, nach Adorno, dort, wo sie exakte Phantasie ins Spiel bringt, noch etwas von der Utopie einer besseren Welt ahnen; sie lässt kritische Gedanken an mögliche Alternativen zu.

Sowohl bei Kant als auch bei Hegel werden ästhetische Erfahrungen in erster Linie als bestätigende Erfahrungen verstanden. Adorno bezieht hier eine grundlegend andere Position. Adorno geht von einer *Irritation* beziehungsweise *Infragestellung* aus, die mit der Erfahrung von Kunst verbunden ist.

---

[20] Theodor W. Adorno, Ästhetische Theorie, in: Gesammelte Schriften, Band 7, Frankfurt/M. 1970-1986, in: Schweppenhäuser, Gerhard, Theodor W. Adorno zur Einführung, Junius, Hamburg, 2000

[21] siehe 20

Seines Erachtens ist unsere Wahrnehmung begrenzt und diese Begrenztheit unseres Verstehens liegt darin, dass sie nach dem Prinzip der Identität – also nach dem Prinzip, Dinge stets als gleiche Dinge behandeln zu wollen – verfasst sind. Das führt dazu, dass wir die Nichtidentität der Dinge aus dem Blick verlieren.

Genau hier hat die *ästhetische Erfahrung* für Adorno ihre Bedeutung. Sie ist eine Erfahrung davon, dass die Dinge sich anders verhalten, dass sie sich den Kategorien unserer Wahrnehmung und unseres Verstehens nicht fügen. Adorno begreift Kunst als ein *utopisches Geschehen.* In ästhetischen Erfahrungen blicken wir, wenn man Adorno so versteht, in eine andere, bessere Welt.

Die Selbstverständigung der Kunst besteht somit nach Adorno nicht in einer Bestätigung, sondern in einer Irritation und Infragestellung unserer
Wahrnehmungs- und Verständnisweisen. Kunst zeigt uns die Beschränkung unseres Verstehenshorizontes, indem sie uns Ausblicke in Gebiete jenseits dieser Beschränkung ermöglicht.

Es kann also alles immer auch ganz anders sein.

4. Die Frage nach der Aktualität der Hegelschen Ästhetik

Ein erstes und sehr ernstes Hindernis, Hegels Ästhetik als eine für die heutige Diskussion maßgebliche oder sogar nur brauchbare Bestimmung der Kunst zu akzeptieren, haben die Kritiker von Anfang an in Hegels sogenannter *„These vom Ende der Kunst"* gesehen.

Hegel soll in seiner philosophischen Ästhetik von der These ausgegangen sein, die Kunst sei *„zu Ende"*.

Eine philosophische Ästhetik, die von einer solchen These ausgeht, das heißt, die behauptet, das Phänomen, das sie bestimmen will, habe offensichtlich keine geschichtliche Bedeutung mehr, scheint wenig ergiebig zu sein.

Hegel selbst hat die sogenannte *„These vom Ende der Kunst"* anders formuliert, nämlich als die These vom *„Vergangenheitscharakter* der Kunst ihrer höchsten Möglichkeit nach". Mit der These vom *„Vergangenheitscharakter der Kunst ihrer höchsten Möglichkeit nach"* ist scheinbar auch ein ästhetisches Vorurteil, nämlich der sog. *„Klassizismus"* der Ästhetik verbunden. Hegel hat anscheinend seine gesamte Bestimmung der Kunst an der schönen Kunst der griechischen Antike orientiert. In seinen Vorlesungen muss er ausdrücklich betont haben, „schöneres" als die Kunst der Griechen könne „nicht sein und werden". Seine Kritiker machen ihm den Vorwurf, er gehe von einem ästhetischen Vorurteil aus, das zwar für seine Zeit typisch sei, seiner philosophischen Bestimmung der Kunst aber jede Aktualität raube.[22]

---

[22] siehe 8, in 1

Die Kritik an der These vom "Ende der Kunst" und der damit verknüpfte „Klassizismusvorwurf" mündete zusammen in die „These von der philosophischen Entmündigung der Kunst", wie Danto es ausdrückte, und der dies aber umgekehrt in der aktuellen Diskussion gerade als die Besonderheit und die Tauglichkeit des Hegelschen Konzepts für die Auseinandersetzung der modernen Kunst lobt.[23]

Gegner dieser Kritik behaupten, Hegel habe die geschichtliche Funktion der Kunst, ihre Rolle in der menschlichen Kultur zum prinzipiellen Ansatzpunkt gewählt, um die Vielfalt der Künste und Kunstgestaltungen begrifflich zu fassen und in ihrer Bedeutung zu gewichten.

Hegel beantwortet die Frage nach der Bedeutung der Kunst „für uns" mit der Beurteilung der einzelnen Künste und Kunstwerke durch die Frage, ob sie ihrer kulturellen Rolle einer Weltdeutung „für uns" genügen.
Hegel stellt die Frage, inwieweit die Kunst in der modernen Welt für den Bürger einer aufgeklärten Gesellschaft relevant sein kann. Sein Ziel ist es, die kulturelle Funktion der Kunst auch in der Gegenwart gemäß dem ursprünglich entwickelten Leistungssinn zu gewichten. Er stellt eine *Verknüpfung her von Kunst und Reflexion*, welche die Rezeptionshaltung ermöglicht und die kritische Auseinandersetzung mit der eigenen geschichtlichen Situation und der eigenen gesellschaftlichen Bedingtheit mit dem Blick darauf, wie eine humane Welt sein sollte.

Die Aktualität der Hegelschen Ästhetik liegt formell gesehen in der Nötigung zur Reflexion und zum rational-reflexiven Umgang mit der Kunst.
Nach Ansicht von Gethmann-Siefert[24]hat Hegel eine diskussionswürdige und noch heute interessante, weil weiterführende philosophische Ästhetik entwickelt, die eine Auseinandersetzung lohnt.

5. Schlussbemerkung

Ob und wie die Philosophie uns auf dem Weg zur Kunst ein Ratgeber oder eine Hilfe sein kann lässt sich in so kurzer Form natürlich nicht beantworten, aber die Beschäftigung mit den vielen verschiedenen Ansichten der Philosophen aus unterschiedlichen historischen Bereichen kann durchaus Einsichten und Ausblicke für den Umgang mit Kunst beziehungsweise den Künsten schaffen.

Zusammenfassend kann man sagen, die Philosophie der Kunst beziehungsweise die philosophische Theorie entwickelt sich in Auseinandersetzung mit den Erfahrungen, die Rezipierende in der Auseinandersetzung mit Kunstwerken machen.

---

[23] siehe 3

[24] siehe 1

Daraus resultiert, dass sie nicht alle ästhetischen Erfahrungen mit einer gültigen Theorie ausstatten kann. Aber man kann die Philosophie der Kunst erfahren, als einen Beitrag, die ästhetische Selbstverständigung reichhaltiger zu machen.[25]

Die Philosophie der Kunst macht Fragen explizit zum Beispiel nach dem Zweck und dem Wert der Kunst für uns mit Blick auf unser Verständnis von und in der Welt.

Kunst ist, auch meiner Meinung nach, von einem ständigen Nachdenken über Kunst begleitet; zu diesem Nachdenken kann die Philosophie beitragen, nämlich über das was die Kunst schon immer fordert: ihre Bestimmung zu diskutieren.

---

[25] siehe 4

Literatur:

Primärliteratur:

Theodor W. Adorno: *Ästhetische Theorie,* Frankfurt a.M., 1973

G. W. F. Hegel: *Vorlesungen über die Ästhetik I,* Frankfurt a.M., 1977

Martin Heidegger: *Der Ursprung des Kunstwerkes,* Philipp Reclam jun., Stuttgart, 2003

Immanuel Kant: *Kritik der Urteilskraft,* Frankfurt a.M., 1977

Sekundärliteratur:

Alexander Gottlieb Baumgarten, *Aesthetica*

Georg W. Bertram: *Kunst-Eine philosophische Einführung,* Philipp Reclam jun., Stuttgart, 2005

Cicero, de officiis I, 9; de legibus I, 12, 33,

Arthur C. Danto: Die philosophische Entmündigung der Kunst, München, 1993

Annemarie Gethmann-Siefert: *Einführung in Hegels Ästhetik,* Wilhelm Fink Verlag, München, 2005

Michael Inwood, *Heidegger,* Verlag Herder, Freiburg im Breisgau, 1999

C. Plinius Secundus d.Ä., Naturkunde, Buch XXXV: Farben, Malerei, Plastik, Zürich, 1978

Gerhard Schweppenhäuser, *Theodor W. Adorno zur Einführung,* Junius Verlag GmbH, Hamburg, 2000

Seneca, Epistulae morales 95, 53

CPSIA information can be obtained
at www.ICGtesting.com
Printed in the USA
BVHW030625200820
586889BV00001B/109